V.-E. VEUCLIN

ANCIENNES

BIBLIOTHÈQUES NORMANDES

(1689-1731)

BERNAY

Imprimerie E. Veuclin

1888

V.-E. VEUCLIN

ANCIENNES

BIBLIOTHÈQUES NORMANDES

(1689-1731)

BERNAY

IMPRIMERIE E. VEUCLIN

1888

BIBLIOTHÈQUE

DE

Mre Jacques Foucques,

sieur Dorville, conseiller du roi, élu grenettier et contrôleur en l'élection et grenier à sel de Bernay, inhumé le 27 Juillet 1689, âgé de 52 ans.

Livres in-folio.

Les œuvres de Dumoulin. 4 volumes.
Dargentré sur la Coutume de Bretagne.
Histoire de France par Deserre.
Journal des Audiences, par Dufresnes.
Histoire d'Angleterre, par Du Radier. 2 v.
Les œuvres de Tacite, en françois.
Les œuvres de Loyseau.
La Somme de saint Thomas.
La Science héroïque du Blason.
Les Œuvres de Bacquet.
Les Arrests de Maise Louis.
La Vie des Saints. 2 v.
Chronologie de Gaultier.
Turent.
Coustume de Bérault.
Rebuffe. Sur les Ordonnances.
Temporam juric.
Mémoires de Monsr de Belley.
La Conférence des Ordonnances.
L'Horloge des Princes.
Les Vies des Hommes illustres.
Platina deustia sommorum pontificum.

Livres in-quarto.

Somma hostientia.
Apparatio.
Sommaison desinorum.
Recueil des Registres de la Cour de Parlement,
Les libertés de l'Eglise gallicane. [2 v.
La Philosophie escrite. 2 v.
Corpus jura civilia. 2 v.
Corpus juera canonica.
Jansenius super Evangelia.
Alve ainum juisier.

Œuvres de Maistre.
Plaidoyez de Monsieur le Maistre.
Harangues du sieur Mascaron.
Eloquentia poetica Laurentium Lebrun.
Institutiones jures Oorkocton.
Traité des Hypothèques, de Basnage.
Panégirique de sainte Scolastique.
Dictionnaire historique françois.

Livres in-octavo.

Heliotropucum sine centionnes Kearnari.
Scrutinam Saw dotale.
Discours des Grandeurs de Jessus, par Berville.
Sermons de Molinière.
Somma Conciliorum.
Annalles rerum Anglicarum.
Histoire de France, par Deserre.
Le Voyage Evangelique.
Arrests de Anne Robert.
Sermons sur l'Apocalipse.
Lexicon jurica.
Des Sermons. 2 v.
La Cour saincte.
La Jurisprudence des cent actes.
Praticque de Massuet.
Epistres de Monsr du Bellay.
Instruction du chrestien.
Phedris fabule.
Officinat textoria.
L'Odyssée d'Homère.
Les douze petits Prophètes avec les explications
Quintiliani Institutiones oratorie.
Les Commentaires de César.
Orpheus Eucharistus.
Décadence de l'Empire, par Monsr Maimbourg.
Sermons du père Tessier. 3 v.
Biblia sacra

Livres in-douze.

Le Chrestien intéressé. 2 v.
Méditations d'Abely. 2 v.
Abrégé de la morale de l'Evangile.
S. Jean Climaque.
Vingt autres volumes non inventoriés, vu leur peu de valeur.

LIVRES

ayant appartenu à

Me Pierre Dolléans,

prêtre, inhumé le 23 mars 1695 au cimetière de Sainte-Croix.

Petru canisu solicitatus Jesus theolog, opus categuticum.
Le Nouveau Testament, en françois.
Dictionarum latinâ Galicarum.
Les fonctions du hiérargue parfaict.
2 missels et 1 bréviaire.
Commentaire des Evangiles de S. Mathieu.
Civi Petri Chrisollogi arth Episcopi.
Divis Joannis Christome Jesus Cristy Evangelium secundum Mathæum.
Sermons de Mre Jean Louis de Formentière év.
La dance et mort.
Homélies de messire Jean Pierre Cannier évesque de Besley.
Aurelis Augustiny Hipponnis Episcopi,
Hay morus Episcopi Holber stitamen commentariarum in Apocalipsum.
Biblia sacra Vulgate Editionis.
Nouveau Testament grec.
De processionibus et depostura.
La Somme de la Téologie de Becain.
L'heureuse convertion des Huguenots.
La Praticque du Cathéchisme.
Une philosophie imprimée.
De Ciceron de officiis.
Concilium tredentium.
Abrégé du trésor des Sermons esclésiastiques.
De suprema Romani pontificis in potestate.
Arismétique.
Nonna cadidatus de Torisse.
Institution catholique.
Livre grec et latin.

BIBLIOTHÈQUE

DE

Me Pierre Hamel,

curé de Plasnes, mort en avril 1703.

Livres in-folio.

Estii in quatuor libros sententiarum comentaria, editionis Parisiensis. 1602.
Somma divi Thomas P. 1662 (1)
Fancinii gaudanensis concordia. L. 1681.
Estii annotionis in prœcipium ac difficiliora scriptora loca. P. 1663.
Histoire des Papes, par Ms du Chesnes. 2 vol. P. 1653.
S. Bernardi opera omnia Joannis Mabillon. P. 1667. 2 vol.
Petri aurelii Theologe opera. P. 1646.
Horrius pastorum. R. 1647.
Somma theologia de Beccani. R. 1652.
Tractatus misterii de Incarnatione.
Inventaire général de l'histoire de France. par Jean Derve. R. 1647
Histoire de Joseph, par Jean Lefrère de Laval. latin et francois. P. 1569.
Catéchisme ou Introduction de la foy de Grenade. P. 1687.
Bonalina opera omnia. P. 1645. 2 t.
Somme des pechez, par Bénédict. P. 1585.
S. Ambrosii opera studio ac labore monachim benedictorum. P. 1686. 2 t.
Dictionaire historique, par Moréri P. 1688. 3 t.

Livres in-quarto.

Biblia sacra gotensis. 1487.
Les Femmes illustres. P, 1614.
Rotomagens eclesia Concilia ac Sinodalia decreta. R. 1679.

---

(1) Les lieux d'édition sont ainsi indiqués : P. Paris ; L. Lyon ; R. Rouen ; C. Cologne ; A. Amsterdam.

Concordantiæ biblorum L. 1664.
Parochialo delinæ. R. 1652. 2 t.
Comentaria in psalmos autori bolavemino. L. 1612.
Le parfait esclésiastique, par Mr Claude de la Croix. P. 1666.
Recueil de divers ouvrages touchant la grâce. P. 1645.
Vindictiæ stomæ circa gratiam sufficentem ad versus per Nicolary. 1656.
Cornelii Jansenii ipsensis comentariis in eri Angelia. P. 1660.
Lettres crestiennes de Mr Sivan. P. 1615.
Le Voïage de Canada par Champlain. P. 1632.
Méditations de Dupont. R. 1670.
Dictionnaire théologique historique. R. 1668.
Les Epitres de S François de Salle. L. 1626.
Martyrologium eclesiæ Redon. R. 1670,
Breviarium Romanum. R. 1627.
Ordonnances de Louis quatorze. P. 1667.
Coutume de Normandie. P. 1586.
Les premières Œuvres de Philippes Desportes P. 1579.
Les Propositions contentieuses contre Melancton et Calvin touchant l'Eucharistie. P. 1551.
Discours de l'Entrée de Henri IV à Rouen en 1596. R. 1599.
Nouvelles défenses de la traduction de Mons contre le livre de Monsr Mallet. L. 1680.
La vie de Jean d'Arencton Dalex évêque de Genève. L. 1699.
Recueil de diverses pièces pour la traduction du Nouveau Testament O. 1669.
Le Martyrologe romain françois. L. 1667.
Recueil de pièces sur les affaires des évesques d'Alex. O. 1669.
Discours sur les ordres sacrés par Mr Godeau, P. 1666.
Explications sur les Evangiles de tous les dimanches de l'année par un prêtre. L. 1687.
L'office du S. Sacrement avec la tradition de l'Eglise sur la Ste Eucharistie. P. 1659. 2 t.
Catéchisme du Concile de Trente. P. 1678.

Natalis comitis chitologia. C. 1612.
Narrationum Evangelicum thesaurus novus. P. 1574.
Officina trestam epitosmæ. L. 1602.
Essais de Montagne (parchemin).
Artis organum. P. 1619.
Le grand Pouillé des Bénéfices de France. P. 1626.
Homelies et omnes epistoles dominices per fratres Richardum. P. 1653.
Recueil des édits de pacification. 1589.
S. Augustini et narratione et psalmos. P. 1667.
Les Œuvres de Théophile. R 1630.
Sermon sur les quatre fins de l'homme, par Eschino. 1609.
Traité des contrats, par Sapenin. 1608.
Trésor ? de la pratique. P. 1629.
Les Œuvres charitables de Guilbert. R. 1609.
Instruction des prestres, par Cholina. R. 1565.
Bellarminus descriptoribus ecclesiasticis. L. 1663.
Recueil des Abrégés contenant plusieurs instructions chrestiennes. P.
Somme des peschez, par Boni. R. 1658.
L'usage des passions, par Senant. P. 1652.
Les vérités catholiques ou les justes motifs du sr Guiffard. R. 1656
La Coutume saiute, par Cassain. R. 2 t.
Registre des procès-verbaux directeur de l'Université. P. 1644.
Petronile, par Mr Dubestas. R. 1639.
Annutuere desportel Policard et Bergeust.
Dissertatio Juvis profaentæ theologia Lobani contra provinciales societatis, et autres pièces.
Lettres crestiennes de Mr de St Ciran. P. 1648.
Chronologiæ in historialæ des archevesques, par Dadré. R. 1618.
S. Augustin et l'ouvrage des moines, par Mr Dubessen. R. 1633.
Piesses entre Paul V et les Vénitiens. 1609.
Nouvelle dispositiou de l'Ecriture Ste. P. 1670.
Decrets d'Innocent XI pour suppression des of-

fices de la Conception et de plusieurs Indulgences. 1678.
Eclaircissements de prétendues difficultez proposez à Mr l'Archevesque de Rouen. 1696.
Apologie pour ceux qui ont esté soupçonnez de magie, par Noden. P. 1625.
Les Antiquitez de Paris, par Corozel. 1686.
Le Tombeau des plaisirs.
Jansenii Ipaensiœ comentarius in pentateucum P. 1661.
Les morales de S. Grégoire sur le Livre de Job, traduit en françois. P. 1666. 2 t.
Les Œuvres de S. Cyprien, par Mr Lambert. P. 1672.
Concordia librorum regnum rapoli pomenon. 1692
La fréquente communion, par Mr Arnaud. P. 1643.
Homélies morales sur les Evangiles de l'Avent. P. 1681.
Bona de verbus liturgicis. P. 1672.
Morales crestiennes, P 1669.
Méditations de Benseler. P. 1669.
Responces au livre de Mr Arnaud intitulé De la perpétuité de la foy. 1670.
Les plaidoiries de Mr le Maistre. P. 1657.
Œuvres de Ste Téréze. P. 1650.
Le Catéchisme de Turlot. R. 1660.

Livres in-octavo.

Homélies de S. Crisostome, en françois. P. 1666
La Sainte Bible de la version de Louvains. R. 1698. 2 t.
Solitude de dix jours. P. 1680. 2 t.
Règle de conduite pour les curez. P. 1681.
La vie de dom Barthelemy dit Martin· P. 1684.
La guerre des pescheurs, par Grenade. P. 1662.
La Bible de Monsr de Sassy. P.
Sermon de la hiérarchie de l'Eglise, par Launoy. P. 1662.
Les vies des S. Jean des déserts, par Mr Dendilly. P. 1668.
L'Imitation de Jésus-Christ, par Mr Debeuil. P. 1673.

De la lecture de l'Ecriture sainte contre les paradoxes de Mr Mal... 1680.
De la monarchie ecclésiastique.
Exposition des passages des Pères, par Mr Dubesley.
La charge des curez, par Bonis. R. 1655.

Livres in-12

La Démonomanie des Sorciers, par Bodin, P. 1598.
Voyage d'Italie et du Levant, par Farmanel. R. 1664.
La Théologie morale, par Bonal. P. 1669, 2 t.
Le Sage résolu. R. 1662. 2 t.
Méditation dabusée. P. 1655.
Cantiques spirituels. R. 1657.
Abrégé chronologique de l'Histoire de France, par Mezeray. A. 1673. 6 t.
Histoire des Juifs de Joseph, par Mr Dandilly. B. 1693. 5 t.
L'histoire du Chrestien, par Mr de Richelieu. P. 1632.
L'Année chrestienne. B. 1689, 22 t
Histoire de l'Eglise, par Mr Godeau. 1696.
Les Œuvres de Ste Thérèze. par Mr Dandilly. A. 1688.
La Fontaine ouverte à la Maison de David. R. 1628.
Instruction du procès de la Réligion prétendue réformée. P. 1627.
De la Pénitence. P. 1557.
Description de la France.
Le Provincial avec les Lettres de Guille Vendroc, en françois. L. 1700. 2 t.
Considérations chrestiennes sur la mort. P. 1675.
Homélies de la Sa Bosguillot. P. 1688. 4 t.
Recueil des Conférences ecclésiastiques Deseulée. P. 1672.
Histoire abrégée des Ouvrages de Mr Arnaud. C. 1697.
Petrus Lombardus. P. 1660.
La Logique physique.
Histoire du Jansénisme. A. 1700.

L'Instruction de S. Charles Borromée à tous les confesseurs, en françois. R.
Le devoir des pasteurs. P. 1672.
De le manière de bien vivre, traduction de St Bernard. P. 1692.
Catéchisme d'Angers, de la Rochelle et D . P. 1690.
De la manière de bien vivre, traduit de S. Bernard. P. 1692.
Histoire de Normandie, par Masseville. R. 1698 . 4 t.
Catéchisme d'indulgences du Jubilé. P. 1677.
Histoire de l'établissement des ordres religieux par Hermant. R. 1697.
Histoire des Conciles, par Hermant. R. 1696.
Les confessions de S. Augustin, par Mr Dandilly. P. 1688.
Testament politique de Mr Colbert. 1694.
Testament politique de M. de Louvois. 1695,
La te des mœurs. C. 1692.
Les Nestorianismes renaissant. 1693.
Remontrances justificatives des prêtres de l'Oratoire au chapitre de Liège.
Catechismus ad parochis. P. 1664.
Exposition de la foy, par Mr Bossuet, P. 1680.
Les livres de S. Augustin. De la véritable religion, par Mr Arnaud. P. 1656.
Traduction du livre de S. Augustin : De la convertion et de la grâce, par le même. P. 1661.
Traduction du livre de S. Augustin : Des mœurs de l'Eglise catholique, par le même. P. 1657.
Epitres choisies de S. Augustin, traduites par Mr Giry. P. 1656. 5 t.
Traité contre les danses et comédies, par St Charles P. 1664.
Instructions crestiennes tirées du Catéchisme du Concile de Trente, par Talon, P. 1667.
Concilium Lidivinum Danvers. 1640.
Le sacerdoce de S. Crisostome. P. 1652.
L'idée d'un bon ecclésiastique, par M. Bourdois. P. 1667.
Pontificale roma ad paripera expira redactum. P. 1659.

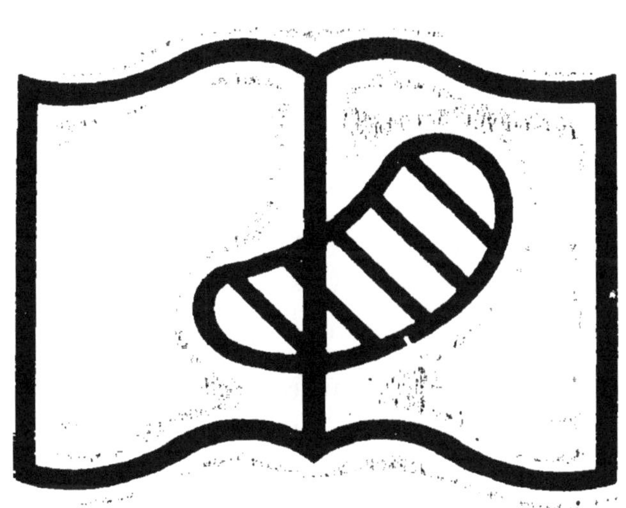

Paraphrases des Pseaumes de David, par Mr Godeau. P. 1686.
Doctrina concilia Lidentius per Belaunum. L. 1665. 2 t.
Les obligations des ecclésiastiques. P. 1672.
Le clerc éclairé par les Pères, par Lambert. La Flèche. 1668.
Paraphrase de l'Epitre de S. Paul romain aux Corinthiens. R. 1667. 4 t.
La morale crestienne, par Jouas, évesque d'Orléans, en françois par dom Roger. P. 1664.
De l'immortalité de l'âme, par Silhoin. P. 1662.
La Logique ou Art de penser. P. 1664.
Introduction métodique ponr l'école paroissiale P. 1669.
Le Missionnaire paroissial, par Gamberd. P. 1672. 6 t.
Prières ou Œuvres crestiennes disposez à l'usage des catoliques. R. 1696.
Heures canoniales contenues dans le commentairé du pseaume 108. P. 1673.
L'Avocat des pauvres, par M[r] . P. 1676.
Pastoral de S. Grégoire. P. 1670.
Fables choisies de La Fontaine. 1693.
Abrégé de la nouvelle méthode pour apprendre le latin. P. 1683.
Sentimens d'Erasme conformes à ceux de l'Eglise catholique. Ç. 1688.
Réponses aux Lettres provinciales. Bruxelles. 1697.
La meilleure manière d'entendre la Ste Messe. P. 1680.
Nouveau recueil d'abrégé contenant diverses matières pour faire prosne. P. 1679.
Mémoires de Pontier. P. 1678, 2 t.
Histoire des droits canoniques, par Boujat, P. 1675.
L'Instruction du Rituel d'Abre. P. 1678.
Le Psautier traduit en françois, avec des notes. P, 1664.
Le Nouveau Testament, traduit en françois. Mons. 1667, 2 t.
Théologie morale de la morale de Gresset. P.

1668. 6 t.
Remarques sur la Langue françoise. P. 166[illegible].

Livres in decimo sexto

Instructions sur le Manuel, par B[illegible]let. P. 1[illegible]67
Maximes crestiennes de St Evran. R. 16[illegible]9.
Méditations des principales obligations du crestien, par Feydeau. R. 16[illegible]9.
Catéchisme de Belarmin. R. 1675.
De vita canonicorum, par Rikel. C. 1670.
L'Abbé commandataire, par Frémont. R. 1674.
L'Abbé commandataire ou l'injustice des Commandes, par Boisfranc. C. 1673.
La vie du père Paul François. A. 1663.
Doctrine crestienne pour le diocèze de Lisieux. R. 1686.
Prescription touchant la Conception. 1673.
L'Idée du Conclave de 1676. A. 1676.
Relation du Conclave de 1676. —
Histoire des troubles causés par Mr Arnaud après sa mort. 1696
L'horreur du péché. 1662.
Epitoma Selin. R 1668.
Bertin Biltaut. R. 16[illegible]0.
Instructions catoliques des mystères de la foy, par Guillery. P.
Le Directeur spirituel désintéressé, par Mr Dubestre. R. 1631.
Cérémonies de la Messe.
Pratique des cerémonies de la Messe.

Livres in-24°

Introduction à la vie dévote, par François de Sales. P. 1667.
L'Imitation de Jesus-Christ, par Dubeuil. P.
Pensées crestiennes, par Belgarde. P. 1701.
L'examen des esprits par les sciences. A. 1672.
Confessions de S. Augustin. L. 1646.

✠

BIBLIOTHÈQUE
DE
Mre Jean-Jacques de Lambert
chevalier, seigneur d'Herbigny et de Manneval, décédé le 27 août 1704, à Manneval, âgé de 34 ans.

Œuvres de Plutarque, traduites du grec en françois par Mr Amiot. P. 4 t..
Le Catéchisme de la foi, par Grenade. P.
Les Essais de Michel de Montaigne. »
Dictionnaire calepin. L. 2 t.
La Bible sacrée. L.
La Coutume de Normandie commentée par Basnage. R. 2 t.
Histoire des Juifs par Joseph... P.
Histoire de l'Eglise, par Mr Godeau. P. t 1er.
Prolegomènes d'Erasme.., »
Histoire ou dispute Pelagiam où il est exposé l'erreur d'Origène. Louvains.
Histoire des Assemblées de France sous Clément VIII et Paul V touchant les secours de la grâce, par Lebland. Mayence.
Œuvres de Marie Thurest. De la réforme de l'armée. P.
Oroisons en bellio, par Merounite P. 4 t.
Dictionnaire latin-françois, par Danetius. P.
Les Ordonnances de Louis XIV. P..
Explication des noms propres et villes, par Jacques Thuau. Genève.
Les Commentaires de César. P.
Histoire du Concile de Trente, par Mr Amelot de la Houssaie. A
Dictionnaire historique. L.
De l'usage des passions, par François Senant.
L'homme crestien, par le même. P.
Commentaires de Jean sur l'Evangile et sur les cinq de Moïse. P. 2 t.

Le cœur des porets. L.
Les Œuvres de Tatius, en latin. P.
Derniers mémoires sur le livre de l'explication des maximes des saints, par Mr de Meaux. P.
Es grecque. P.
Lucresse, en latin et françois. P.
Les Œuvres d'Horace, en latin et françois. P.
Histoire du ministère du cardinal Xinidien. Toulouse.
Histoire du grand Saint Léon. P.
Testament ou Conseil fidelle du bon père à ses enfans. P.
Histoire romaine. 2 t.
Ordonnances de Mr l'évêque de Reims. P.
Le Théâtre italien. G.
Supplément du Théâtre italien.
Œuvres du cardinal Duperron. G.
Relation de l'Inquisition de gos. P.
Histoire de l'Inquisition. C.
Histoire de Mahomet second, par Guillet. P. 3 t
Histoire de Mr le prince de Condé. C.
Abregé de l'Histoire de France, par Mezeray. 8 t.
Histoire critique des pratiques superstitieuses. R. 2 t.
La Vie de dom Armand Lebouthelier. P.
La paix d'Arlemont neuf. Chambéry. 2 t.
Lettres de Mr l'abbé de Lions.
Les Oroisons et de Gabriel Rossard. P.
Recueil touceant de la Chine. C.
Institutions de Justinien P.
Histoire de Charles IX, par Varillas. 2 t.
Histoire d'Auguste Thuau. P. 4 t.
Nouvelle relation du Voyage d'Egypte, par Vaustral. «
Quinquets, par Vaugelas. «
Testament politique de Mr Colbert La Haie.
Oroisons funèbres de Mr Fléchier. P
Les Satires de Boileau.
Abrége de la nouvelle méthode d'apprendre la langue latine. «
Evénements historiques Lho . «
Histoires poétiques, par le père Gautier. «
Les Métamorphoses d'Ovide, en latin. A.

Histoire des Croisades, par le P. Maimbourg. P
Mémoires de Mr de la Rochefoucault. C.
Traité des Fortifications. Leipzig.
Jules César. Des Guerres des Gaules. L.
Histoire des douze César.
Quicentes, en latin. A.
Héliodore L.
Le Droit canonique d'Arnout Corny. A.
Arrest pr Chreau, par Mr Barsat. «
Lettres de Vendon. C. 2 t.
F de la des
Œuvres dire P. 8 t.
Apologie des Lettres prononcée par Montillet.
Œuvres de Fubas, en latin. P.
Histoire de Henry . 2 t.
Histoire du ch des iconoclastes. P.
Les e ents de la cour.
Entretiens poétiques, par Lemoine. P.
Coustume de Paris. « 2 t.
Mémoires de la Chine, par Leconte. « 2 t.
Histoire de la Chine, par le p . « 2 t.
Histoire de Louis XII, par Varilas. « 6 t.
Histoire de Normandie, par Masseville. R. 5 t.
Histoire universelle. par Chaqueron. 2 t
Histoire des prérogatives de l'Eglise romaine, par Maimbourg
Mémoire de Rochefort. P.
La vie de Mr de Turenne. La Haie
Idée de la vie du Pape Sixte.
Apologie pour les catholiques.
Histoire des ducs de Bourgogne.
Œuvres des Conciles, par Mr Herenais. R.
Histoire de Cromwel. » 5 t.
Jardin des Racines grecques.
Histoire du schisme d'Angleterre, par Mr Maqueray. 2 t.
Histoire de Guillaume, dernier duc de Guise
Vie de Charles V, duc de Lorraine.
Histoire de Philippe de Lorraine.
Histoire de la Ligue.
La perpétuite de la foy de l'Eglise touchant l'Eucharistie.
L'Art de parler.

Histoire de la vie de Mr Arnaut.
Traité des bénéfices. A.
Mémoires de Madame la marquise de Fresne.
Traité de l'authorité des Rois, par M. Talon. A
Vie d'Elisabeth, reine d'Angleterre. 2 t.
Œuvres d'Avidor. 3 t.
S des guerres de Paris. R. 2 t.
Mémoires de Coumines Guerres de Louis XI.
L'Abbé commandataire, par Boisflant. 2 t.
Mémoires de Brantosme. 7 t.
Epigrammes de Martial.
Explications de la Messe, par M. Sernaux.
La Morale pratique des Jésuites. 7 t.
Les Satires de Juvénal, par Cherin.
L'Enéïde de Virgile, par Cherin.
Le Concile de Trente, en latin.
Las contradictions apparentes de l'Ecriture sainte.

Cette Bibliothèque, estimée à la somme de 200 livres, avait été en partie, pensons-nous, aux mains du célèbre curé de Menneval, Gabriel Dumoulin.

BIBLIOTHÈQUE

DE

Me Pierre Philippe

curé de Saint-Quentin-des-Iles décédé le 15 août 1705

Apologies controverses faites par le sr Jean Renée.
Un opuscule en cinq traités.
Avis et résolutions théologiques pour la paix des consciences.
Histoire de Barbarie. Esclaves et Corsaires. 6t.
Histoire de Joseph. 3 t.
Le Parterre des Racines grecques.
Révision du Concile de Trente, contenant les nullités d'icelluy.
Les Mistères contenus dans les offices diurnes et les offices de l'Eglise.
Traité de la prédication et de la grâce.
L'obéissance et sonmission qui est due à notre Saint Père le Pape en ce qui regarde la foy.
Le G , traduit par le Père Antoine.
Le Nouveau Testament de Nostre Seigneur.
Traité de la grâce.
Le catéchisme du Concile de Trente
Les Pseaumes de David. 3e édition.
Interprétations des Pseaumes de David et des Cantiques.
Voyage de Munster et Westphalie.
Le Concile de Trente sous Paul III, Jules III et Pie IV, papes, en latin.
Le Guidé fidèle des étrangers dans le voyage en France. traduit par le sr Dumourier.
Thomas Adanham, médecin anglais.
S , Constantiens.
Enchiridion sina Mannala confessorium et penitentiam.
La tradition de l'Eglise sur le sujet de la pénitence et de la communion, traduit en françois par Mr Antonis Arnault, prêtre.

Marth Navarre præclarium consiliorum sine volumen a .
Consiliorum sine responscrium Navarrien.
Caduum conscientie omnium quà in lucem, per Reverendi Rodriguez.
Th ernia sacrorum Rithuum seu commentaria in rubricæ missalis Romanum
Examen et jugement du livre de la fréquente communion, par Yaulet François Barraba .
L'Année chrestienne ou le saint et profitable du temps pour gagner l'éternité, par le père Jean Suffret. 4e édition.
Relation du voyage de Perse. fait par le Père Pacifique de Provence, prédicateur, avec le Testament de Mahomet.
Histoire de Charles VI roi de France et des choses mémorables advenues de son temps .. par Théodore Godefroy, advocat...
Commentariorum ac disputationum u cosam doctrinam. 2 t.
P. F. Eligii Bassæi Papieni flores totius theologia practice.
P. F. Bássæi ordinis f f minor. S. Francisce capucino.
Moralies encyclopedia, per Marcelino Depises.
La Vie des Pères.
Replique par le cardinal Dufresnay au roy de la Grande Bretagne.
Hortus pastorum sacre doctrine.
Vie de Nostre Seigneur Jésus-Christ, par le R. P. Eudolphe, chartreux.
Le roy des Armes pour le blason.
La Somme théologique Becani.
Juarès.
Commentaires de St Augustin sur les psaumes.
Les Fleurs des vies des Saints. 2 t.
Abrégé de distinctions théologiques et philosophiques.
Sixième livre des Décretales.
Décretales de S. Grégoire pape IXe.
Le Décret de Gratien.
La Somme de Tertulien.

L'Ouvrage de S. Cirile évesque d'Alexandrie.
Histoire généralle de Normandie faitte par Gabriel Dumoulin, curé de Manéval.
La Somme des Conciles, par frère François Lelong, capucin.
Saint Léon, pape.
La Somme de Saint Thomas. 2 t.
Œuvres de Saint Bernard.
La Bible sacrée.
Œuvres de Saint Augustin. 6 t.
La vie de dom Barthelemy des Martyrs, archévesque de Prague, en Portugal.
La fréquente communion, par Mr Arnauld.
La concordance de la Bible.
La philosophie de
Bellarn
Dictionnaire historique.
Replique à l'anatomie de Mr l'Evesque de la
Ouvrages du Droit canon, par Morisse.
Théâtre des Antiquités de Paris, par Jacques Dubreuil.
Théologie d'Abely. 2 t.
Institutions du Droit canonique de Lanselot.
Ouvrages de saint Irenée, évesque.
Traité des vies et de tous les hérectiques, par Gabriel Patéol.
Commentaires d'Alasius sur les sept psaumes de David.
Histoire de Pline, par Antoine Dupricet.
Histoire romaine par Coeffet, 2 t.
Les Conquestes et les Trophées des Normands-François, par Mr Gabriel du Moulin, curé de Maneval.
Lexicon grec et latin.
Lexicon du Droit civil et canonique.
Les Recherches de la France, par Mr Pasquier.
Commentaires sur les Actes des Apostres.
Traité de philosophie, par dom Jean-Baptiste Bernard, pén'tent. 3 t.
Le grand Atlas faisant description de tout le Monde, avec les cartes attachées enluminées.
Les Provinciales.
Le sainte, composée par saint Jacques

Climacq.
Essai de morales.
Le Concile provincial des diocèses de Normandie.
Histoire de la vie et des ouvrages de Mr Arnauld.
Le Psautier traduit en françois.
Examen général de tous les états et conditions par le s^r de St Germain.
De l'Education d'un prince.
Traité de la Civilité françoise.
Pensées de Mr Pascal.
Discours de Monsr Pascal.
Traité singulier et nouveau contre le paganiste du roy Bouel.
De l'âme des bestes.
La créance de l'Eglise grecque touchant la transubstantiation défenduë.
Traité du point d'honneur.
Traité de théologie, par Martin Bonacine.
Abrégé de l'Histoire de Normandie.
Instructions du Rituel d'Alet. 2e édition.
Traité de l'Exposition du St Sacrement de l'autel, par Mr Jean-Baptiste Livet.
Livre de St Grégoire le Grand, pape Ier du nom: Du soin et du devoir des pasteurs.
Traité de Théologie, par Claude Bouju.
Relation contenant l'histoire de l'Académie françiose.
Lettres pastorales de Monseigneur l'Evesque d'Arras.
Traité de la civilité françoise.
Instruction touchant l'expédition de cour de Rome, par Jacques Lepelletier.
L'ancienne Médecine à la mode, par M. Aignan.
Théologie morale, composée par M. Raymond Bonnal.
Le Directeur spirituel désintéressé., par Jean Pierre Camus, évesque de Bellay.
Epistres de S. Jérosme.
L'Ecclésiaste de Salomon, traduit en françois.
Instructions chrestiennes sur les Mystères de Nostre Seigneur Jésus-Christ. 5 t.

Isaïe, traduit en françois.
Tableau de la mort, par dom Charles Bougeois
Proverbes de Salomon, traduits en françois.
Les deux premiers Livres des Rois, «
Histoire de Justin.
Office du S. Sacrement pour le jour de la feste et de toute l'octave.
La Théologie françoise où l'on traite de Dieu, par M. Georges Guentin.
Connaissance de l'amour du Fils de Dieu ..
Les pe chrestiennes, divisées en deux parties par le père Nicolas Laloy.
Théologie morale des Jésuites Cas
Abrégé de l'histoire de ce siècle de fer. par Desparinal (?). 2 t.
La 3e partie contenant les plaintes et les procédures en France contre la morale des Cas...
Traité des usages et coutumes de l'Eglise catholique, par Etienne Durand.
Traité de Théologie du père Riné, jésuite.
Le Gouvernement de Rome, où il est parlé de la Religion et de la et police.
La Fardalle deluquin (?).

« Et autres vieils petits livres ne vallant pas « d'estre inventoriez. »

BIBLIOTHÈQUE

DE

Mre Louis Lemercier

prêtre, curé de la première portion de Courbépine, mort en 1707, âgé de 45 ans.

Homélies sur les Evangiles de tous les dimanches de l'année. 5 t.
Discours moraux en forme de prosnes pour tous les dimanches de l'année.
Maldona.
Regente de Genève plagiaire, tradut par le sr

Caton
La Bible sacrée.
Histoire du vieux et du nouveau Testament.
Le Missionnaire paroissial ou sommaire des exhortations familières. 2 t.
Philosophie, faite par Anthoine Goudin.
Le Bréviaire théologique, traduit en latin par Jean Polmano.
Histoire des religions de tous les royaumes du monde. 2 t.
L'Histoire sainte, 4 t.
Histoire générale de la Grèce. 2 t.
8 petits livres couverts de basane.
20 vieux livres couverts de parchemin.

LIVRES,

provenant de la succession d'un

Curé de Plasnes

(1714)

Somma theologia sancte Thoma.
Isa cii variarum observarum liber.
Francisci Vavassoris del a dictione liber.
P. Virgilia Maronis opera ex interpretatione Caroli Rinei soc. Jesu.
Dictionnaire grec.
Historia Concilii Florentine, grec et latin.
Sermons pour tous les dimanches de l'année. 3 t.
Bréviaire à l'usage de Rouen. 4 t.
Histoire des Conciles.
Annales ecclesiastici post cardinalium Baronius. 3 t.
Antiquitatis Ecclesia Orientalis.
Breviarum theologicense.
Observationes critico in sacrum no testamentum codicem.
De disciplina arcani.
Antonii le grand. Historia sacra.

Expositio prœclara sacri hujus sermonis verbum caro factum est.
Sacro sancti et œcumenici Concilii Tridentii canonis et decreta.
Catechismus ad parochus.
Théologie de saint Thomas. t. 9e.
« Plus 7 livres escrits de la main dudit feu sr curé, tant de philosophie que en théologie, lesquels livres sont reliez en veau, avec 49 autres livres de peu de valeur reliez en parchemin. »

BIBLIOTHÉQUE
de
Me François Lochet du Carpon
curé de Sainte-Croix de Bernay, mort le 12 avril 1720, âgé de 67 ans.

Livres in-folio.

Somma Sancty Thoma. 2 t.
Dictionnaire de Moréri. 6 t., y compris le supt.
Bonalinæ opera. 2 t.
Sancti Bernardi opera.
Auctarium operis consionum tripartisi.
Commentaire sur le prophète Isaïe, par le sieur Laisney.
Les Œuvres de Daulaurens.
Decade de Tite-Live.
Liber sextus decretalium divi Bonifacis papa octavis.
Les Ouvrages d'Estienne.
Les Ouvrages de Cabassiensiens (?).

Livres in-quarto.

Autre tome de Cabassiensiens touchant le droit canon.
Le Catéchisme de Montpellier.
Le Catéchisme de Trente.
Histoire ecclésiastique de Mr Tilmont. t. 1 et 4

Eloge des saints Evesques, par Godeau.
Le disciple de l'Eglise, par Dusnassno.
Harangues de l'Académie.
Vie et Psaumes de David.
De Agnis prædestinationes.
L'Année crestienne, de Mr Letourneur. 11 t.
S. Augustin, touchant les Psaumes de David.
Vie de S. Paul et de ses Epistres. 4 t.
Analyse du Nouveau Testament, 7 t.
Œuvres de Monsr de Jarry. 3 t.
Le Pastoral de Limoges. 2 t.
Examen théologique. 3 t.
Retraite ecclésiastique. 2 t.
Vérités de la Religion. 2 t.
Panégiriques des Saints, faits par Senault.
» » » par M. Fléchier. 2 t.
Panégiriques, par M. Begaux, 2 t.
Œuvres de Monsieur Fléchier. 4 t.
Pratique des Sacrements. 3 t.
Essais de Panégiriques.
Idée du Sacerdoce
Réponse aux difficultez qu'on a faites contre le traite de la vérité.
Pratique de la Pénitence.
Les Cas de conscience.
Deffenses des Théologiens.
Annales de Tacite. 3 t.
Sermons sur les saints Mistères.
Théologie de Ronal. 2 t.
Pièces d'éloquence. 2 t.
Institutions du Droit ecclésiastique 2 t.
Traité de l'Escriture. 2 t.
Liturgie sacrée. 3 t.
Les paix de Clément neuf.
Le Droit canonique. t. 2^{e}
L'existence de l'Eglise.
Le Catéchisme du Concile de Trente.
Sermons de Monsr Abadie. t. 1er.
Instructions sur le Manuel. 2 t.
Satires de Juvenal.
Voyage de Siam.
Traité de piété.

Livres in-octavo.

La Genèse. L'Exode. Lévétique. Les Proverbes de Salomon. Les deux derniers Livres des Roys. Daniel et les Machabées, par M. de Sassy. 5 t.
De Bellarum. 10 t.
Les Décades de Tite-Live. 8 t.
Lettres de saint Bernard. 2 t.
Conférences sur l'usure. 4 t.
Les Cas de conscience, de Ste Beufve. 3 t.
Catéchisme de Bourges. 2 t.
De la fréquente communion.
Sermons de saint Grégoire. 2 t.
Sermons de Lautel. Lettres de saint Bazile. 2 t.
Sermons de saint Crisostome.
Renversement des libertez de l'Eglise Gallicane.
Testament du père Guesnez.
Conférences de saint Augustin.
La vie de Richer.
Les Caractères de Théophrate.
Commerce de Lettres, par Grimaraist.
Le Concile de Trente.
Pastor bonus.
Pensées de Boileau.
Conférences de la Rochelle.
Discours sur les ordres sacrés.
Recueil de l'Académie.
Philosophia in utransque postem.
Traité des Aliemens.
Les himnes de Sante , traduction françoise.
Avantages de la mort chrestienne. t. 1er.
Histoire et abrégé de la vie de Mr Arnaud.
Conférence de Luçon. t. 15e.
Conférenees ecclésiastiques.
Discours sur le Jubilé.
Piété envers les morts.
Œuvres meslées de Mr de Fromentière.
Instructions de saint Charles Boromée.
Pensées de Mr Pascal.

Livres in-douze.

6 tomes de Mr de Sassy.
Abrégé du Concile de Trente, par Pierre Jurieu. 2 t.

Questions spirituelles.
Réflexions sur l'Eloquence.
La Régle de saint Benoist.
La paix de l'âme,
La règle des mœurs.
Recueil de divers ouvrages de piété, par Mr l'abbé Dugary.
Traité de la communion.
Panégirique de saint Louis.
Catechismus Concilii Tridentius.
Etat du pur amour.
Contes et Nouvelles de Mr La Fontaine.
Bréviaire de Lisieux. 2 t.
Le Concile de Trente, en latin.
Enchiridion theologie pat
La première résolution de plusieurs cas importants pour la morale.
Exposition de la Doctrine de l'Eglise.
5 livres couverts en papier et 4 en parchemin, de peu de valeur.
Promptuarium super Evangelia.

BIBLIOTHÈQUE

de

Me François de Mongouin,

conseiller et procureur dn roi en la viconté de Bernay pour Evreux, mort le 1er Juillet 1721, âgé de 46 ans.

Livres in-folio.

Commentaires du Droit civil tant public que privé observé au pays et dûché de Normandie, par Terrien.
Commentaire de la Coutume, par Godefroy. 2 t.
Commentaires de Béraut sur la Coutume.
Arrests de Couet, 2 t.
La Coutume commentée par Basnage. 2 t.
Recueil de plusieurs questions notables tant de droit que de coutume, par Me Loyue,

Dictionnaire de Moréry,
Corbus civili.
Coutume générale de France. t. 1er et 2e.
Code Henry III.
La Bible de l'ancien et nouveau Testament.
Commentaires de Dargentrey sur la Coutume de Bretagne.
Ordonnances des Rois de France.
Calepiny Dictionnarium.
Geografia sacra.
Œuvres de Tite-Live, en latin.
Les Adages d'Erasme, en latin.
Omnium operum divi Aurelii Augustini.
Un vieil calpin, en latin.
5 vieils livres de Médecine, déchirés.
Ciceronis opera. 2 t.
Œuvres de Papon. 3 t.
Decretum gratiam.
1 livre italien et latin touchant l'Architecture.

Livres in-quarto.

Lois civiles. 5 t.
Procès verbal de la Conférence des Ordonnances.
Esprit de la Coutume.
Conférence des Ordonnances. 2 t.
L'Ordonnance de soixante et sept ou le Code Louis.
Recueil d'édits. 2 t.
Les droits de patronage.
Le praticien françois. par Mr Lange.
La des notaires.
Corbus convicum. 2 t.
Codex Justiniani.
Do gestorum libry. 3 t.
Le Code Henry IV.
Imperatoris Justiniam authentiquorum libert.
Recueil de plusieurs Règlements sur différentes questions de Droit, par Jean Chenu.
Remarques sur la carte de l'ancienne Gaule, tirée des Commentaires de César.
Le corps du Droit civil.

Livres in-octavo.

Histoire de France, 7 t.

Remarques du Droit françois.
Lettres de Mr Vaumorière. 2 t
Physique de Rohaux. 2 t.
Conférences de saint Augustin. 2 t.
Mémoires de Mr Dartagnan. 3 t.
Juvenalis satiræ.
Traité des hypothèques.
Pensées de Pascal.
Biblia sacra.
Code militaire.
L'esprit de cour.
Traité du mariage.
Baresme.
Institutiones sacris Baronii.
Œuvres de Tirence.
Œuvres de Baronius.
Le livre des Sybilles.
In epistolii Ciceronis ad Paulis Manulii commentarius.
Réflexions ou Sentences morales.
Caractères des passions, par le sr de la Chambre. 3 t. in-12°.

« 25 livres, tant en parchemin que papier, de peu de valeur. »

BIBLIOTHÈQUE

DE

Mre Jacques Durand,

chevalier, seigneur de Pihalière, mort en son château de Fontaine-l'Abbé, le 2 novembre 1725.

Vie et Histoire d'Hérodote.
Académie des Inscriptions. 2 t.
Histoire de Louis-le-Grand.
Théâtre de la Turquie.
Histoire des Favoris.
Métamorfoses en rondeaux.
Histoire du Concile de Trente.

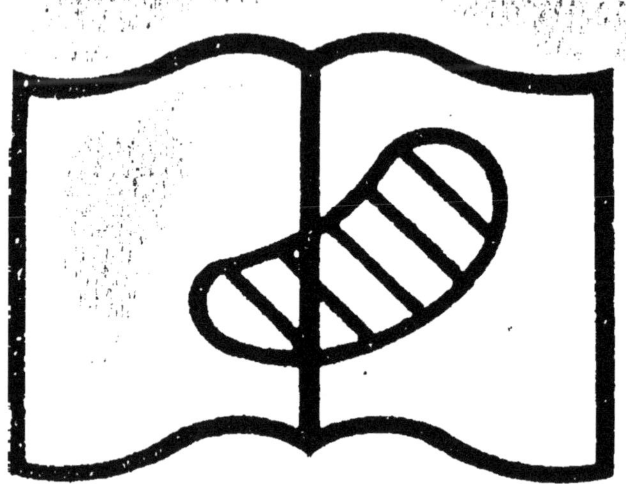

Illisibilité partielle

Avertissement aux protestants.
Explication des Livres de Job.
Histoire universelle.
Aristipe.
Mémoires de Guise.
Entretiens de Balzac.
Offices de Cicéron.
Poésies de Socrate.
Chiromancie.
Géographie historique.
Mémoires de Mr de Vieux.
Eneïde de Virgile.
Essais de Voiture.
Poésies de la Menardière.
Œuvres de St Amand.
L'Académie françoise.
Œuvres d'Étienne Jobel.
Voyage du monde. 5 t.
Histoire du Japon. 3 t.
Histoire du Mongol. 3 t.
Les Femmes des douze César.
Traité de l'amitié.
Pentateucque. 2 t.
Histoire de Mézeray. 8 t.
Histoire des variations. 4 t.
Conférences de Claude.
Histoire de la vision.
Deffenses des variations.
Doctrine de l'Église.
Remarques sur Virgile et sur Homère.
Curiosités sur la végétation.
Les Estats de raison.
Divers écrits de Mr de Meaux.
Lettres spirituelles. 2 t.
Œuvres de Rabelais. 2 t.
L'Immortalité de l'âme.
Stances chrestiennes.
Epistres et Evangiles.
Confessions de saint Augustin.
Aub sac.
Le chrestien interieur.
Nouveau Testament.
Lettres du Père Lamy.

Vérités de la Religion.
Connoissance de soy-même.
Lettres de saint Jérosme.
Imitation de Jésus-Christ.
La Logiqee.
Semaine sainte.
Poésie de Madame des Houlières.
Ordonnances de Monseigneur de Rennes.
Histoire de l'Arianisme. 3 t.
Histoire de la C de Joseph, 7 t.
Œuvres de Boileau. 4 t.
Histoire des Hérodiens.
Œuvres diverses.
Vie de Madame.
Recueil de la Suze. 3 t.
Recueil de l'Académie.
Souverains du monde. 4 t.
Explications des Fabels.
Bénéfices de Frapolo.
Poésies françoises.
Histoire de Hollande.
Vie de Guise.
Abailard et Héloïse.
Examen des esprits.
Mémoires de Mr de la Roche.
Vie de St Evremont.
Véritables œuvres de St Evremont. 3 t.
Vie du père Joseph.
Vie de Mr de la Trappe. 2 t.
L'Espion dans les cours. 6 t.
Histoire des cinq propsitions.
Paix de Clément IX.
Deffenses de Jean Census.
L'esprit des disciples de S. Augustin. 4 t.
Traité de l'Eglise de Rome.
Traité de la Messe et de l'Office divin.
Etat de la France. 3 t.
Mémoires de Madame.
Contestations turques.
Théâtre de Corneille.
Conquestes amoureuses.
Histoire des sept Sages.
Caractères de Téophrastre.

Lettres de Monteil.
Sermons du père Massillon. 6 t.
Sermons du père Cheminets. 3 t.
Œuvres spirituelles. t. 1er.
Sermons du père Bourdaloue. 12 t.
Pièces choisies. 2 t.
Histoire des Religions. 4 t.
Madrigaux.
L'Art d'Ovide.
Saint Louis.
La Pucelle.
Moïse sauvé.
Paraphrase de Lucain.
Œuvres de Sarazin.
Théâtre de Pierre Corneille.
Thomas Corneille.
Œuvres de Molière. 5 t.
Satires de Juvénal.
Œuvres de Théophile.
Essais de Montaigne. 3 t.
Sagesse de Caron.
Œuvres de Ménages.
L'Homme des Cours.
La mer d'or.
Histoire d'Espagne. 2 t.
Lucian. 3 t.
Le prince Machiavel.
Histoire du Renouvellement. 2 t.
Télémaque. t. 1er et 2e.
Recueil de la Suze t. 1er.
Bréviaire romain. 3 t.
Histoire d'Angleterre. 6 t.
Mémoires de M. Rabutin. t. 1er.
Mémoires artificiels pour apprendre à retenir.
Dialogues des morts.
Droit ecclésiastique.
Le Jardinier solitaire.
Culture des arbres.
Sentiments de piété.
Histoires secrettes.
Œuvres de Voiture.
Amours des grands hommes. 4 t.
Entretiens d'Aviste et de Sugesne.
Sentiments de Cleaude. 2 t.

La Dél'catesse.
Poésies de Baraton.
Instructions pastorales de M. de Cambray. 5 t.
Lettres de M. de Cambray. 6 t.
Lettres de M. de Cambray et Instructions. 17 t.
Entretiens solitaires.
Pensées chrestiennes.
Ovide. 2 t.
Voyage d'Italie. 3 t.
— de Lucas. 2 t.
— de la Houlan.
— Deslon.
— de Cardin. 2 t.
— de Tavernier. 6 t.
— de Truys. 3 t.
Memoires de la Chine. 3 t.
La Princesse de Montpensier.
Le Jeu du monde.
Essais de morale. t 1 et 4.
Testament politique.
Conseils de la Sagesse. t. 1.
Sages résolutions. 2 t.
Eaux et forêts.
Am ont.
Fables ou Histoires.
Illustres s s.
L'Art d'aimer d'Ovide.
Le Parnasse.
Armand et Cristan.
Poésies choisies. t. 3.
Mémoires de Bassompierre.
Thimocrate.
Alsionne.
Œuvres de Marat. 2 t.
Bible sacrée, 4 t.
Dardus.
L'amour eschappé. 3 t.
Œuvres de Scarron. 3 t.
Histoire des amours.
Réflexions saintes.
Dictionnaire des précieuses.
Voyage du

BIBLIOTHÈQUE
DE
Léon Turpin,
esc[r], garde de la porte du roy, mort en 1730.

Livres in-folio.

Histoire naturelle de Pline.
Dictionnaire de Calepin.

Livres In-quarto.

Commentaires et annotations sur la semaine de la création du monde.
Ordonnances de Louis XIV, du mois de mars 1673
Le parfait négociant ou Instructions générallles pour ce qui regarde le commerce, par Savary. 1675.

Livres in-octavo.

Le véritable père Joseph, capucin, nommé au cardinalat, en 1704
Le Théâtre Italien. 1695.
Lucien. De la traduction de Nicolas Perrot s[r] Dablemont. 1664.
Discours politiques des Roys, par M. de Guidery. 1663.
Entretiens sur la pluralité des mondes. 1687.
Lettre d'amour d'un religieux. 1699
Journal du siège de Brisac. 1663.
Lettres du cardinal de Richelieu. 1695.
Detail de la France sous le règne de Louis 14.
Annales de la Cour de Paris. 1695, 9 t.
Réflexions sur le Christianisme enseigné dans l'Eglise catholique, par Philippe de Chaumont.
Confessions de S. Augustin. 1693.
La princesse du Par . 1703
Esope à la cour, par M Boursault.
La Chronique des Roys de France. 1650.
La b de la fortune.

La Phisique ou science des choses naturelles. 1626.

Passages les plus touchants du nouveau Testament, par Joseph Lambert. 1706.

Les aventures de Télémaque fils d'Ulysse. 1705.

Code des chasses . 1720.

L'amour échappé.

Le Chrétien intérieur.

L'amour sans faiblesse.

Réflexions ou sentences et maximes morales.

L'Enéïde travesti en vers burlesques.

Journal amoureux.

La conjuration de Jean-Louis de Fresque.

Don Jouan d'Autriche.

Remarques nécessaires pour la culture des fleurs.

Gustave Nasa roy de Suède.

L'Etat de la France. t. 2e.

L'Etat de la France, où l'on voit tous les princes et maréchaux de France.

Histoire de Meru comte deshequesly. 1693.

Les délices de la poésie galante.

Livres in-12

Recueil de diverses pièces servant à l'histoire de Henry III, 1676.

Le premier roman. 1669.

Nouveau livre de l'Eglise à l'usage de Rome. 1601.

Un carnet monastique. 16..

Portrait du Roy de la Grande-Bretagne.

Alexandre, nouvelle, par Mlle Desjardins.

BIBLIOTHÈQUE

DE

Me Jacques de Mannoury,

procureur du roi en l'élection de Bernay, mort le 24 février 1731, âgé de 69 ans.

Basnage. 2 t.
Bérence.
Définitions du droit canon.
Recueil des arrêts de M. Louët.
Les opéras; Athis et Proserpine 2 t.
Histoire de France, par Deserre.
Journal des audiences 2 t.
La Basilique.
Conférences des ordonnances.
Commentaires de Godefroy sur la Coutume de Normandie.
Histoire d'Angleterre.
Histoire dn Concile de Trente.
Paraboles du , françois et latin.
Ordonnances de Louis XIV.
Le Catéchisme de Trente
Conférences de Bornies. 2 t.
Recueil des lettres-patentes, édits et déclaratio°.
Traité de noblesse.
Histoire d'Abailard et d'Héloïse.
Edits de la Cour des Aides.
Vertus de l'eau commune.
Histoire du voyage de la Rédemption des Captifs.
Estats de Barbarie.
Mœurs des Israélites.
Vie du duc de Bouillon.
Le Quiétiste.
Histoire de Rouen, 3 t.
Maximes du Droit canonique.
Pensées de Mr Pascal.
Estat des Provinces unies. 2 t.
Ordonnances de Louis XIV.
De traditionum authoritatis.
Herodatis.
Recueil concernant les saisies réelles
Estat de l'Europe. t. 2°.
Mémoires de Mr L. de M.
Histoire du ministère de Richelieu.
Helleyetius. 2 t.
Règlement des Aydes.
Nouveau Testament.
Ordonnances et Arrests.

www.ingramcontent.com/pod-product-compliance
Ingram Content Group UK Ltd.
Pitfield, Milton Keynes, MK11 3LW, UK
UKHW020948220726
13924UKWH00002B/564